烈士褒扬条例

中国法治出版社

目　　录

中华人民共和国国务院令（第791号）………（1）
烈士褒扬条例 ……………………………（2）

第 目

中华人民共和国国务院令

第 791 号

《烈士褒扬条例》已经 2024 年 9 月 18 日国务院第 41 次常务会议修订通过，现予公布，自 2025 年 1 月 1 日起施行。

总理　李强

2024 年 9 月 27 日

烈士褒扬条例

（2011年7月26日中华人民共和国国务院令第601号公布 根据2019年3月2日《国务院关于修改部分行政法规的决定》第一次修订 根据2019年8月1日《国务院关于修改〈烈士褒扬条例〉的决定》第二次修订 2024年9月27日中华人民共和国国务院令第791号第三次修订）

第一章 总 则

第一条 为了弘扬烈士精神，抚恤优待烈士遗属，根据《中华人民共和国英雄烈士保护法》等有关法律，制定本条例。

第二条 公民在保卫祖国、社会主义建设以及促进世界和平和人类进步事业中英勇牺牲被评定为烈士的,依照本条例的规定予以褒扬。烈士的遗属,依照本条例的规定享受抚恤优待。

第三条 烈士褒扬工作坚持中国共产党的领导。

国家褒扬、纪念和保护烈士,维护烈士尊严荣誉,保障烈士遗属合法权益,宣传烈士事迹和精神,弘扬社会主义核心价值观,在全社会营造崇尚烈士、缅怀烈士、学习烈士、捍卫烈士、关爱烈士遗属的氛围。

第四条 国家对烈士遗属的抚恤优待应当与经济社会发展水平相适应,随经济社会的发展逐步提高。

烈士褒扬和烈士遗属抚恤优待经费列入预算,应当按照规定用途使用,接受财政部门、审计机关的监督。

第五条 全社会应当支持烈士褒扬工作,优待帮扶烈士遗属。

鼓励和支持社会力量为烈士褒扬和烈士遗属抚恤优待提供捐助。

第六条 国务院退役军人工作主管部门负责全国的烈士褒扬工作。县级以上地方人民政府退役军人工作主管部门负责本行政区域的烈士褒扬工作。

第七条 对在烈士褒扬工作中做出显著成绩的单位和个人，按照有关规定给予表彰、奖励。

第二章 烈士的评定

第八条 公民牺牲符合下列情形之一的，评定为烈士：

（一）在依法查处违法犯罪行为、执行国家安全工作任务、执行反恐怖任务、执行特勤警卫任务、执行突发事件应急处置与救援任务中牺牲的；

（二）抢险救灾或者其他为了抢救、保护国家财产、集体财产、公民生命财产牺牲的；

（三）在执行外交任务或者国家派遣的对外援助、维持国际和平、执法合作任务中牺牲的；

（四）在执行武器装备科研试验任务中牺牲的；

（五）其他牺牲情节特别突出，堪为楷模的。

军人牺牲，军队文职人员、预备役人员、民兵、民工以及其他人员因参战、执行作战支援保障任务、参加非战争军事行动、参加军事训练、执行军事勤务牺牲应当评定烈士的,依照《军人抚恤优待条例》的有关规定评定。

第九条 申报烈士,属于本条例第八条第一款第一项、第二项规定情形的,由死者生前所在工作单位、死者遗属或者事件发生地的组织、公民,向死者生前工作单位所在地、死者遗属户籍所在地或者事件发生地的县级人民政府退役军人工作主管部门提供有关死者牺牲情节等材料。收到材料的县级人民政府退役军人工作主管部门应当及时调查核实,提出评定烈士的报告,报本级人民政府。本级人民政府审核后逐级上报至省、自治区、直辖市人民政府审查评定。评定为烈士的,由省、自治区、直辖市人民政府送国务院退役军人工作主管部门复核。

属于本条例第八条第一款第三项、第四项规定情形的,由国务院有关部门提出评定烈士的报告,送国务院退役军人工作主管部门审查评定。

属于本条例第八条第一款第五项规定情形的,由死者生前所在工作单位、死者遗属或者事件发生地的组织、公民，向死者生前工作单位所在地、死者遗属户籍所在地或者事件发生地的县级人民政府退役军人工作主管部门提供有关死者牺牲情节等材料。收到材料的县级人民政府退役军人工作主管部门应当及时调查核实，提出评定烈士的报告，报本级人民政府。本级人民政府审核后逐级上报至省、自治区、直辖市人民政府，由省、自治区、直辖市人民政府审核后送国务院退役军人工作主管部门审查评定。

第十条　军队评定的烈士，由中央军事委员会政治工作部送国务院退役军人工作主管部门复核。

第十一条　国务院退役军人工作主管部门应当将复核结果告知烈士评定机关。通过复核的，由烈士评定机关向烈士遗属户籍所在地县级人民政府退役军人工作主管部门发送烈士评定通知书。

国务院退役军人工作主管部门评定的烈士，由其直接向烈士遗属户籍所在地县级人民政府退役军人工作主管部门发送烈士评定通知书。

第十二条　国务院退役军人工作主管部门负责将烈士名单呈报党和国家功勋荣誉表彰工作委员会。

烈士证书以党和国家功勋荣誉表彰工作委员会办公室名义制发。

第十三条　县级以上地方人民政府每年在烈士纪念日举行颁授仪式，向烈士遗属颁授烈士证书。

第十四条　有关组织、个人对烈士评定、复核结果有异议的，可以向烈士评定或者复核机关反映。接到反映的机关应当及时调查处理。

第三章　烈士褒扬金和烈士遗属的抚恤优待

第十五条　国家建立烈士褒扬金制度。烈士褒扬金标准为烈士牺牲时上一年度全国城镇居民人均可支配收入的30倍。战时，参战牺牲的烈士褒扬金标准可以适当提高。

烈士褒扬金由烈士证书持有人户籍所在地县级人民政府退役军人工作主管部门发给烈士的父母（抚养人）、配偶、子女；没有父母（抚养人）、配偶、子女的，发给烈士未满18周岁的兄弟姐妹和已满18周岁但无生活费来源且由烈士生前供养的兄弟姐妹。

第十六条　烈士遗属除享受本条例第十五条规定的烈士褒扬金外，属于《军人抚恤优待条例》以及相关规定适用范围的，还按照规定享受一次性抚恤金，标准为烈士牺牲时上一年度全国城镇居民人均可支配收入的20倍加烈士本人40个月的基本工资，由县级人民政府退役军人工作主管部门发放；属于《工伤保险条例》以及相关规定适用范围的，还按照规定享受一次性工亡补助金以及相当于烈士本人40个月基本工资的烈士遗属特别补助金，其中一次性工亡补助金按照《工伤保险条例》规定发放，烈士遗属特别补助金由县级人民政府退役军人工作主管部门发放。

不属于前款规定范围的烈士遗属，由县级人民政府退役军人工作主管部门发给一次性抚恤金，标准为烈士牺牲时上一年度全国城镇居民人均可支配收入的20倍加40个月的中国人民解放军少尉军官基本工资。

第十七条　符合下列条件之一的烈士遗属，还享受定期抚恤金：

（一）烈士的父母（抚养人）、配偶无劳动能力、无生活费来源，或者收入水平低于当地居民平均生活水平的；

（二）烈士的子女未满18周岁，或者已满18周岁但因残疾或者正在上学而无生活费来源的；

（三）由烈士生前供养的兄弟姐妹未满18周岁，或者已满18周岁但因正在上学而无生活费来源的。

符合前款规定条件享受定期抚恤金的烈士遗属，由其户籍所在地县级人民政府退役军人工作主管部门依据其申请，在审核确认其符合条件当月起发给定期抚恤金。

第十八条　定期抚恤金标准参照上一年度全国居民人均可支配收入水平确定。定期抚恤金的标准及其调整办法，由国务院退役军人工作主管部门会同国务院财政部门规定。

第十九条　烈士遗属享受定期抚恤金后生活仍有特殊困难的，由县级人民政府通过发放生活补助、按照规定给予临时救助或者其他方式帮助解决。

第二十条　烈士生前的配偶再婚后继续赡养烈士

父母（抚养人），继续抚养烈士未满18周岁或者已满18周岁但无劳动能力、无生活费来源且由烈士生前供养的兄弟姐妹的，由其户籍所在地县级人民政府退役军人工作主管部门依据其申请，参照烈士遗属定期抚恤金的标准给予定期补助。

第二十一条　国家按照规定为居住在农村和城镇无工作单位且年满60周岁、在国家建立定期抚恤金制度时已满18周岁的烈士子女发放定期生活补助，由其户籍所在地县级人民政府退役军人工作主管部门依据其申请，在审核确认其符合条件当月起发放。

第二十二条　享受定期抚恤金、补助的烈士遗属户籍迁移的，应当同时办理定期抚恤金、补助转移手续。当年的定期抚恤金、补助由户籍迁出地县级人民政府退役军人工作主管部门发放，自次年1月起由户籍迁入地县级人民政府退役军人工作主管部门发放。

第二十三条　县级以上地方人民政府退役军人工作主管部门应当与有关部门加强协同配合、信息共享，比对人员信息、待遇领取等情况，每年对享受定期抚恤金、补助对象进行确认，及时协助符合本条例规定条件的烈士遗属办理领取定期抚恤金、补助等手续，对不再符合条件的，停发定期抚恤金、补助。

享受定期抚恤金、补助的烈士遗属死亡的，继续发放6个月其原享受的定期抚恤金、补助，作为丧葬补助费。

第二十四条 国家建立健全荣誉激励机制，褒扬彰显烈士家庭甘于牺牲奉献的精神。地方人民政府应当为烈士遗属家庭悬挂光荣牌，为烈士遗属发放优待证，邀请烈士遗属代表参加重大庆典、纪念活动。

第二十五条 国家建立健全烈士遗属关爱帮扶制度。地方人民政府应当每年定期走访慰问、常态化联系烈士遗属，关心烈士遗属生活情况，为烈士遗属优先优惠提供定期体检、短期疗养、心理疏导、精神抚慰、法律援助、人文关怀等服务。对烈士未成年子女和无赡养人的烈士父母（抚养人）实行联系人制度，加强关爱照顾。

第二十六条 烈士遗属在军队医疗卫生机构和政府举办的医疗卫生机构按照规定享受相应的医疗优惠

待遇，具体办法由国务院退役军人工作主管部门和中央军事委员会后勤保障部会同国务院财政、卫生健康、医疗保障等部门规定。

第二十七条　烈士的子女、兄弟姐妹本人自愿应征并且符合征兵条件的，优先批准其服现役；报考军队文职人员的，按照规定享受优待。烈士子女符合公务员考录条件的，在同等条件下优先录用为公务员。

烈士遗属符合就业条件的，由当地人民政府优先提供政策支持和就业服务，促进其实现稳定就业。烈士遗属已经就业，用人单位经济性裁员时，应当优先留用。烈士遗属从事经营活动的，享受国家和当地人民政府规定的优惠政策。

第二十八条　烈士子女接受学前教育和义务教育的，应当按照国家有关规定予以优待。烈士子女报考普通高中、中等职业学校的，按照当地政策享受录取等方面的优待；报考高等学校本、专科的，按照国家有关规定予以优待；报考研究生的，在同等条件下优先录取。在公办幼儿园和公办学校就读的，按照规定享受资助政策。

第二十九条　符合当地住房保障条件的烈士遗属承租、购买保障性住房的，县级以上地方人民政府有关部门应当给予优先照顾。居住在农村的烈士遗属住房有困难的，由当地人民政府帮助解决。

第三十条　烈士遗属凭优待证，乘坐境内运行的铁路旅客列车、轮船、长途客运班车和民航班机，享受购票、安检、候乘、通行等优先服务，随同出行的家属可以一同享受优先服务。鼓励地方人民政府为烈士遗属乘坐市内公共汽车、电车、轮渡和轨道交通工具提供优待服务，具体办法由当地人民政府规定。

烈士遗属参观游览图书馆、博物馆、美术馆、科技馆、纪念馆、体育场馆等公共文化设施和公园、展览馆、名胜古迹、景区等，按照规定享受优先优惠服务，具体办法由省、自治区、直辖市人民政府规定。

第三十一条　老年、残疾或者未满16周岁的烈士遗属，符合规定条件的可以根据本人意愿在光荣院、优抚医院集中供养。

各类社会福利机构应当优先接收烈士遗属，公办福利机构应当为烈士遗属提供优惠服务。

第四章　烈士纪念设施的保护和管理

第三十二条　按照国家有关规定修建的烈士陵园、纪念堂馆、纪念碑亭、纪念塔祠、纪念塑像、纪念广场和烈士骨灰堂、烈士墓、烈士英名墙等烈士纪念设施，受法律保护。

第三十三条　对烈士纪念设施实行分级保护，根据纪念意义、建设规模、保护状况等分为国家级烈士纪念设施、省级烈士纪念设施、设区的市级烈士纪念设施和县级烈士纪念设施。分级的具体标准由国务院退役军人工作主管部门规定。

国家级烈士纪念设施，由国务院退役军人工作主管部门报国务院批准后公布。

地方各级烈士纪念设施，由县级以上地方人民政府退役军人工作主管部门报本级人民政府批准后公布，并报上一级人民政府退役军人工作主管部门备案。

第三十四条　县级以上地方人民政府应当加强

对烈士纪念设施的规划、建设、修缮、管理、维护，并将烈士纪念设施建设、修缮纳入国民经济和社会发展有关规划、国土空间规划等规划，确定烈士纪念设施保护单位，划定烈士纪念设施保护范围，设立保护标志，为安葬和纪念烈士提供良好的场所。

烈士纪念设施保护标志式样，由国务院退役军人工作主管部门规定。

第三十五条 烈士纪念设施的保护范围，应当根据烈士纪念设施的类别、规模、保护级别以及周围环境情况等划定，在烈士纪念设施边界外保持合理安全距离，确保烈士纪念设施周边环境庄严肃穆。

国家级烈士纪念设施的保护范围，由所在地省、自治区、直辖市人民政府划定，并由其退役军人工作主管部门报国务院退役军人工作主管部门备案。

地方各级烈士纪念设施的保护范围，由批准其保护级别的人民政府划定，并由其退役军人工作主管部门报上一级人民政府退役军人工作主管部门备案。

第三十六条 县级以上人民政府有关部门应当做

好烈士纪念设施的保护和管理工作，严格履行新建、迁建、改扩建烈士纪念设施审批和改陈布展、讲解词审查程序，及时办理烈士纪念设施不动产登记，实行规范管理，提升烈士纪念设施管理效能。

未经批准，不得新建、迁建、改扩建烈士纪念设施。

第三十七条 烈士纪念设施应当免费向社会开放，供公众瞻仰、悼念烈士，开展纪念教育活动。

烈士纪念设施保护单位应当健全管理工作规范，维护纪念烈士活动的秩序，提高管理和服务水平。

第三十八条 烈士纪念设施保护单位应当搜集、整理、保管、陈列烈士遗物和事迹史料。属于文物的，依照有关法律、法规的规定予以保护。

第三十九条 烈士纪念设施保护单位应当根据事业发展和实际工作需要配备研究馆员和英烈讲解员，提高展陈和讲解人员专业素养，发挥红色资源优势，拓展宣传教育功能。

第四十条 烈士纪念设施名称应当严格按照批准保护级别时确定名称规范表述。

国家级烈士纪念设施确需更名的，由省、自治区、直辖市人民政府退役军人工作主管部门提出申请，经国务院退役军人工作主管部门批准后公布，并报国务院备案。

地方各级烈士纪念设施确需更名的，由省、自治区、直辖市人民政府退役军人工作主管部门批准后公布，并报本级人民政府和国务院退役军人工作主管部门备案。

第四十一条 任何组织和个人不得侵占烈士纪念设施保护范围内的土地和设施，不得以任何方式破坏、污损烈士纪念设施。

禁止在烈士纪念设施保护范围内进行其他工程建设。在烈士纪念设施保护范围周边进行工程建设，不得破坏烈士纪念设施的历史风貌，不得影响烈士纪念设施安全或者污染其环境。

第四十二条 任何组织和个人不得在烈士纪念设施保护范围内为烈士以外的其他人修建纪念设施或者安放骨灰、埋葬遗体。

第四十三条 任何组织和个人不得在烈士纪念设

施保护范围内从事与纪念烈士无关或者有损烈士形象、有损纪念烈士环境和氛围的活动。

第四十四条 烈士在烈士陵园安葬。未在烈士陵园安葬的，县级以上地方人民政府退役军人工作主管部门征得烈士遗属同意，可以迁移到烈士陵园安葬，当地没有烈士陵园的，可以予以集中安葬。安葬烈士时，县级以上地方人民政府应当举行庄严、肃穆、文明、节俭的送迎、安葬仪式。

战时，参战牺牲烈士遗体收殓安葬工作由县级以上人民政府有关部门和军队有关部门负责，具体按照国家和军队有关规定办理。

第五章 烈士遗骸和遗物的保护

第四十五条 烈士遗骸、遗物受法律保护。

烈士遗物应当妥善保护、管理。

第四十六条 国务院退役军人工作主管部门会同有关部门制定烈士遗骸搜寻、发掘、鉴定整体工作规划和年度工作计划，有序组织实施烈士遗骸搜寻、发掘、鉴定工作，县级以上地方人民政府有关部门应当协同配合。

第四十七条　县级以上人民政府退役军人工作主管部门负责组织搜寻、发掘、鉴定烈士遗骸，有关组织和个人应当支持配合。

第四十八条　任何组织和个人发现疑似烈士遗骸时，应当及时报告当地县级人民政府退役军人工作主管部门。县级以上人民政府退役军人工作主管部门应当会同党史、公安、档案、文物、规划等有关部门，利用档案史料、现场遗物和技术鉴定比对等确定遗骸身份。对确定为烈士遗骸的，应当根据遗骸的现状、地点、环境等确定保护方式。

第四十九条　县级以上人民政府退役军人工作主管部门应当妥善保护烈士遗骸，按照规定安葬或者安放；对烈士遗物登记造册，妥善保管，有效运用；按照规定管理烈士遗骸的鉴定数据信息。

第五十条　鼓励支持有条件的教学科研机构、社会组织和其他社会力量有序参与烈士遗骸搜寻、发掘、鉴定和保护工作。

第五十一条 国家通过对外交流合作，搜寻查找在国外牺牲和失踪烈士的遗骸、遗物、史料信息，加强保护工作。

第五十二条 建立政府主导、社会协同、公民参与的工作机制，利用烈士遗骸搜寻鉴定成果和技术手段为烈士确认身份、寻找亲属。具体办法由国务院退役军人工作主管部门会同有关部门规定。

第六章 烈士事迹和精神的宣传弘扬

第五十三条 加强烈士事迹和精神的宣传、教育。各级人民政府应当把宣传、弘扬烈士事迹和精神作为社会主义精神文明建设的重要内容，加强爱国主义、集体主义、社会主义教育。

机关、团体、企业事业单位和其他组织应当采取多种形式纪念烈士，学习、宣传烈士事迹和精神。

第五十四条 县级以上人民政府应当在烈士纪念日举行烈士纪念活动，邀请烈士遗属代表参加。

在清明节和重要纪念日，机关、团体、企业事业单位和其他组织根据实际情况,组织开展烈士纪念活动。

第五十五条 教育行政部门应当以青少年学生为重点,将烈士事迹和精神宣传教育纳入国民教育体系。各级各类学校应当加强烈士事迹和精神教育,定期组织学生瞻仰烈士纪念设施。提倡青少年入队入团仪式、开学教育、主题团队日活动等在烈士纪念设施举行。

文化、新闻出版、广播电视、电影、网信等部门应当鼓励和支持以烈士事迹为题材、弘扬烈士精神的优秀文学艺术作品、广播电视和网络视听节目以及出版物的创作生产和宣传推广。

广播电台、电视台、报刊出版单位和网络视听平台以及其他互联网信息服务提供者应当通过播放或者刊登烈士题材作品、发布公益广告、开设专栏等方式,广泛宣传烈士事迹和精神。

第五十六条 建立健全烈士祭扫制度和礼仪规范,倡导网络祭扫、绿色祭扫,引导公民庄严有序开展祭扫纪念活动,鼓励社会力量积极参与烈士纪念设施保护、烈士事迹讲解、烈士纪念场所秩序维护等工作。

县级以上人民政府退役军人工作主管部门应当为社会公众祭扫纪念活动提供便利，做好服务保障工作。烈士纪念设施所在地人民政府退役军人工作主管部门对前来祭扫的烈士遗属，应当做好接待服务工作。烈士遗属户籍所在地人民政府退役军人工作主管部门组织烈士遗属前往烈士纪念设施祭扫的，应当妥善安排，确保安全；对自行前往异地祭扫的烈士遗属按照规定给予补助。

第五十七条 地方人民政府应当组织收集、整理、展陈烈士遗物、史料，编纂烈士英名录，将烈士事迹载入地方志。县级以上地方人民政府退役军人工作主管部门应当会同有关部门做好烈士史料研究工作。

第七章 法律责任

第五十八条 县级以上地方人民政府和有关部

门、单位及其工作人员有下列情形之一的，对负有责任的领导人员和直接责任人员依法给予处分：

（一）违反本条例规定评定、复核烈士或者审批抚恤优待的；

（二）不按照规定的标准、数额、对象审批或者发放烈士褒扬金或者抚恤金、补助的；

（三）不按照规定履行烈士纪念设施保护、管理职责的；

（四）利用职务便利谋取私利的；

（五）在烈士褒扬工作中滥用职权、玩忽职守、徇私舞弊的。

第五十九条　县级以上地方人民政府和有关部门、单位及其工作人员套取、挪用、贪污烈士褒扬和烈士遗属抚恤优待经费的，由上级主管部门责令退回、追回，对负有责任的领导人员和直接责任人员依法给予处分。

第六十条　负有烈士遗属优待义务的单位不履行优待义务的，由县级以上地方人民政府退役军人工作主管部门责令限期履行义务；逾期仍未履行的，处2

万元以上5万元以下的罚款；对负有责任的领导人员和直接责任人员依法给予处分。

第六十一条 冒领烈士褒扬金、抚恤金、补助，出具虚假证明或者伪造证件、印章骗取烈士褒扬金或者抚恤金、补助的，由县级以上地方人民政府退役军人工作主管部门取消相关待遇、追缴违法所得，并由其所在单位或者有关部门依法给予处分。

第六十二条 烈士遗属因犯罪被判处有期徒刑、剥夺政治权利或者被通缉期间，中止其享受的抚恤和优待；被判处死刑、无期徒刑的，取消其抚恤优待资格。

烈士遗属有前款规定情形的，由省、自治区、直辖市人民政府退役军人工作主管部门按照国家有关规定中止或者取消其抚恤优待相关待遇，报国务院退役军人工作主管部门备案。

第六十三条 违反本条例规定，有下列行为之一的，由县级以上人民政府退役军人工作主管部门责令改正，恢复原状、原貌；造成损失的，依法承担民事责任：

（一）未经批准新建、迁建、改扩建烈士纪念设施的；

（二）非法侵占烈士纪念设施保护范围内的土地、设施的；

（三）破坏、污损烈士纪念设施的；

（四）在烈士纪念设施保护范围内进行其他工程建设的；

（五）在烈士纪念设施保护范围内为烈士以外的其他人修建纪念设施、安放骨灰、埋葬遗体的。

第六十四条　在烈士纪念设施保护范围内从事与纪念烈士无关或者有损烈士形象、有损纪念烈士环境和氛围的活动的，烈士纪念设施保护单位应当及时劝阻；不听劝阻的，由县级以上地方人民政府退役军人工作主管部门给予批评教育，责令改正。

第六十五条　擅自发掘、鉴定、处置烈士遗骸，或者利用烈士遗物损害烈士尊严和合法权益的，由县级以上地方人民政府退役军人工作主管部门责令停止相关行为。

第六十六条　违反本条例规定，构成违反治安管理行为的，依法给予治安管理处罚；构成犯罪的，依法追究刑事责任。

第八章　附　　则

第六十七条　本条例所称战时，按照国家和军队有关规定执行。

国家综合性消防救援队伍人员在执行任务中牺牲应当评定烈士的，按照国家有关规定执行。

第六十八条　烈士证书、烈士评定通知书由国务院退役军人工作主管部门印制。

第六十九条　位于国外的烈士纪念设施的保护，由国务院退役军人工作主管部门会同外交部等有关部门办理。烈士在国外安葬的，由中华人民共和国驻该国外交、领事代表机构结合驻在国实际情况组织开展祭扫活动。

第七十条　本条例自2025年1月1日起施行。

烈士褒扬条例
LIESHI BAOYANG TIAOLI

经销/新华书店
印刷/保定市中画美凯印刷有限公司
开本/850 毫米×1168 毫米　32 开　　　　　　　　印张/1　字数/10 千
版次/2024 年 10 月第 1 版　　　　　　　　　　　2024 年 10 月第 1 次印刷

中国法治出版社出版
书号 ISBN 978-7-5216-4788-4　　　　　　　　　定价：5.00 元

北京市西城区西便门西里甲 16 号西便门办公区
邮政编码：100053　　　　　　　　　　传真：010-63141600
网址：http：//www.zgfzs.com　　　　　编辑部电话：010-63141673
市场营销部电话：010-63141612　　　　印务部电话：010-63141606

（如有印装质量问题，请与本社印务部联系。）